Geschichten und Gedichte

aus der Reihe
„Perlen unserer Erinnerung"

Missgeschicke

Carmen Sabernak (Hrsg.)

Bibliografische Information der Deutschen Nationalbibliothek:
Die Deutsche Nationalbibliothek verzeichnet diese Publikation in der Deutschen Nationalbibliografie; detaillierte bibliografische Daten sind im Internet über dnb.d.nb.de abrufbar.

Impressum
2022 © Carmen Sabernak, alle Rechte vorbehalten

Herstellung und Verlag:
BoD - Books on Demand, Norderstedt

Satz und Layout:
Nicole Mewes

Bildnachweise:
© by-studio © sonne fleckl - Fotolia.com
© Nicole Mewes, Evelyn Barucker

ISBN: 9783756888672

Inhalt

Ein „beschissener" Tag	6
Kleine Katastrophen	8
Peinlich!	11
Zum verwechseln ähnlich	
Die vertauschten Schuhe – 1 –	16
Die vertauschten Schuhe – 2 –	19
Der vertauschte Mantel	21
Malheur was man bei anderen sieht...	25
Der Schuster hat die schlechtesten Schuhe	26
Nachbarn	30
Geburtstagsblumen	34
Erkenntnisse & zwischendurch gewünscht	35
Blindes Vertrauen	36
Biankas Campingstuhl	37
Wasserschaden	39
Bekommst du Schmerzensgeld?	42
Pech gehabt	46
Komische Einkaufstasche	48
Schnee im Mai	50
Der Salto	52
Missgeschick zur Faschingsfeier	54
Der Bumerang	57
Mut zur Hexe?	58
Das Portemonnaie	60
Eine Woge im Kreisverkehr	63
Das Täuscherchen	67

Vorwort

Carmen Sabernak hatte die Idee, die Erinnerungen unterschiedlicher Menschen zu sammeln.

Erinnerungen, die wertvoll wie Perlen sind. Sie fragte in der Teltower AWO-Gruppe nach und es fanden sich schnell MitstreiterInnen.

Einmal im Monat trafen sie sich, tauschten Erinnerungen aus, lasen aus ihren Geschichten und verbrachten schöne gemeinsame Stunden. So wurde recht schnell der Entschluss gefasst, diese „Perlen unserer Erinnerungen" in kleinen Büchern aufzubewahren.

Die Geschichten sind so unterschiedlich, wie die Menschen, die sie erlebt haben. Einzelne Geschichten wurden zum Teil schon vor einigen Jahren verfasst. Deshalb finden sich teilweise auch noch Texte in der alten Rechtschreibung. Diese wurden absichtlich nicht angepasst, denn es sind Perlen aus der betreffenden Zeit.

Wir wünschen Ihnen ebenso viel Vergnügen beim Lesen, wie wir Freude hatten, das Buch zu gestalten.

Herzliche Grüße
das AutorInnenteam und die "Geschichtensammlerin" Carmen Sabernak

Ein „beschissener" Tag

Schon vier Wochen vor dem vereinbarten Friseurtermin nervte mich meine Frisur. Ein Vorverlegen war aus diversen Gründen leider nicht möglich. Also musste ich ausharren und nahm mir vor, den Friseurbesuch zu zelebrieren, indem ich mich schick anziehen, den Weg in aller Ruhe zu Fuß zurücklegen und mich anschließend mit einer guten Bekannten auf einen Kaffee verabreden wollte.

Der Tag kam und mit ihm eine Anmeldung des Schornsteinfegers zur Kontrolle des Lüftungsschachtes, mein Mann brauchte für die dringende Abgabe der Steuererklärung noch einige Zahlen zu Versicherungsausgaben, die sich hinterher als unwichtig herausstellten. Nun waren es nur noch 30 Minuten bis zu meinem Termin.

Die verbleibende Zeit reichte nur noch dazu, die nächstliegenden Jeans anzuziehen und sich auf das Fahrrad zu stürzen. Am Teltowkanal angekommen sah ich eine Krähe dicht über meinen Kopf fliegen. Im gleichen Moment spürte ich schon einen feuchten Klacks auf meinem Kopf. Um eine Täuschung auszuschließen, wischte ich mit einem Zellstofftaschentuch über die beschmutzte Stelle auf dem Kopf. Meine schlimmsten Befürchtungen hatten sich bewahrheitet, denn das Taschentuch war braun. Igitt, igitt! Ein furchtbares Gefühl! Nach der Grobreinigung begutachtete ich meinen fast weißen Mantel, der zum Glück verschont geblieben war. Glück im Unglück!

Beim Friseur angekommen, raunte ich mein Missgeschick einer Friseurin zu. Sie versuchte den Schaden zu reduzieren, denn vor dem Auftragen der Farbe sollten die Haare nicht gewaschen werden. Auf den fragenden Blick ihrer Chefin hin, erklärte die Friseurin ihre Aktion. Es folgte die übliche Reaktion – man ist zwischen Lachen und Mitleid hin und her gerissen. Wir entschieden uns für Lachen und diskutierten den Unterschied zwischen Taubendreck, der ja angeblich den Haarwuchs fördern soll, und Krähen-AA.
Nachdem meine Haare dann gewaschen und meine Frisur „rekonstruiert" war, verließ ich den Friseur mit einem Dauergrinsen unter der Maske. Auf dem Heimweg achtete ich sehr auf die grauen Vögel über mir in der Luft.
Es war doch ein guter Tag.

Evelyn Barucker, 2022

Kleine Katastrophen

Heute ist Montag und ein Tag,
wie ihn niemand gerne mag.

Wenn es Freitag der 13. wäre! –
Da kommt ja oft was in die Quere.

Doch die Dinge, die heut' sind gescheh'n –
waren nicht im voraus zu seh'n.

In aller Frühe fing es an:
Wach sein, bevor der Tag begann.

Der Schlaf war leider schon vorbei –
so früh am Morgen, fünf Uhr drei.

Ach, Vollmond scheint – dann ist ja klar,
wer Schuld an dem Erwachen war!

Der Wettergott bringt Sturm und Regen,
für die Natur gewiss ein Segen.

Aber ein Termin per Bus –
da bereitet es Verdruss.

Dann kein Fahrschein – welche Not!
Fahr ich schwarz nun trotz Verbot?

Sechs Haltestellen Angst und Pein,
so darf es nie wieder sein!

Der Rückweg jetzt zu Fuß beginnt,
der Regen leis' vom Schirme rinnt.

'Ne Windböe knickt den Schirm mir um –
die Strebe bricht – ach, ist das dumm.

Schnell weiter eilen, denn nun drückt
die Blase mir – ist das verrückt.

Ein Halt im Bürgerhaus muss sein,
in der Toilette kehr' ich ein.

Es ist kein Ende abzuseh'n,
was weiter heut' noch wird gescheh'n.

Vorm Haus entsorgt das Schirmgestell –
dann Kleidertausch ganz auf die schnell'.

Was seh' ich da – im Strumpf ein Loch?!
Vorher war er ohne noch.

Dann der Pullover, welch' ein Schreck:
Am Ärmel glänzt ein dunkler Fleck!

Was kommt als Nächstes auf mich zu?
Gibt denn das Pech noch keine Ruh'?

Die Mittagsmahlzeit steht bereit,
was gibt es Leckeres denn heut'?

Spinat und Ei – ein Leibgericht,
doch so versalzen mag ich's nicht!

Ist der Koch total verliebt?
Wie schön, dass es die Liebe gibt!

Als Trost für diesen Unglückstag:
Ein Schokoeis, das ich so mag!

So nimmt das Leben seinen Lauf!
Und: Wer gut schläft, wacht fröhlich auf!

Hannelore Wolf, 2022

Peinlich!

Die Begebenheit von der ich heute berichten möchte, ereignete sich im Sommer 1978. Wir wohnten im Plattenbau in der 3. Etage. Unser Block hatte Parterre, erstes, zweites, drittes und viertes Obergeschoss.
Die Kinder hatten Sommerferien und waren für eine Woche in Sachsen bei den Großeltern. Mein Mann und ich gingen arbeiten. An diesem besonderen Tag jedoch war ich zu Hause, ich hatte Haushaltstag. Den bekam man damals einmal im Monat.

Nun, ich hatte geputzt, gekocht, gewaschen, gebügelt und war bei all der Hausarbeit mächtig ins Schwitzen geraten. Das Thermometer zeigte 30 Grad Celsius an. Auf's Sparsamste, mit einem winzigen Slip plus BH bekleidet, gönnte ich mir im Liegestuhl auf dem Balkon nun ein ausgiebiges Sonnenbad. Für mich so ganz allein, fand ich das auch vollkommen in Ordnung.

Draußen vor der Tür warteten aber noch einige Gartenschuhe und Stiefel auf's putzen. „Das werde ich gleich noch auf dem Balkon erledigen", beschloss ich. So wie ich war, huschte ich nun vor die Tür, um die

Schuhe einzusammeln. Doch plötzlich fiel mir einer aus den Händen und kullerte die Treppe hinunter bis zum nächsten Treppenabsatz. Bevor ich den Schuh wieder hatte, gab es einen Knall und unsere Wohnungstür war zu.

Sofort erfasste ich die ganze Dramatik der Situation. Pure Panik! Der Schlüssel hing im Flur, innen am Brett. In Slip und BH im Treppenhaus – und keinerlei Hilfe! Nichts war da, nur ich, halb nackt eben. Im Bikini am See oder am Strand war das kein Problem – ich war jung. Aber hier nun, so ausgesperrt. Ein Bikini ist etwas anderes als Unterwäsche. Es war einfach nur schrecklich.

Die Gedanken überschlugen sich. Zuerst die Gewissheit: Es läuft kein Wasser, der Herd ist aus, kein offenes Feuer, Waschmaschine läuft nicht – alles gut! Die Balkontür allerdings stand weit offen und auch das Fenster im Treppenhaus war gekippt. Dazu kam der Windstoß und die Tür knallte eben ins Schloss. Mein Mann würde in 1,5 bis 2 Stunden von der Arbeit kommen. 1,5 bis 2 Stunden in Slip und BH im Treppenhaus, unmöglich! Jeder hatte Zugang zu unserem Aufgang. Die Haustür unten wurde nie zugeschlossen.

Ich spähte und horchte auf Leute, auf Schritte und mein Kopfkino war hyperaktiv. Ich malte mir aus, wie Freunde, Kinder, Frauen und natürlich die Männer, die hier mit uns wohnten, vorbei kommen könnten. Bemerkungen wie: „Oh la la, whow, oder „hier würde ich auch gern wohnen", oder „ich bin immer gern behilflich" – alles war möglich.

Was ist wenn der Nachbar von schräg über uns gleich heimkommt, oder Herr F. oder Herr E. mir so begegnet? Ich wollte nur unsichtbar sein. Lieber Gott, schicke mir eine Decke, vielleicht durchs Fenster. Völlig absurde Gedanken fluteten mein Gehirn.

Ich wusste, wenn Herr F. oder E. gleich kommen, werde ich mich vor unserer Tür zusammenkauern und so tun, als ob ich Krümel von der Fußmatte aufsammle – und überhaupt, auf dem Treppenabsatz könnte man sehr gut ein großes Badetuch für solche Notfälle deponieren.
Es stand fest, ich werde klingeln müssen und zwar an einem männerlosen Haushalt, bei Fräulein Helga. Sie wohnte schräg unter uns und alle sagten zu ihr „Fräulein Helga". Diese Anrede war damals nicht un-

höflich. Fräulein Helga war etwas älter als ich und alleinstehend.

Ja, es ging nur bei ihr. Der Vater, der zuletzt bei ihr gewohnt hatte, war ja Gott sei Dank gestorben. Nein, nein – nicht Gott sei Dank gestorben, natürlich war es sehr traurig, dass der alte Herr nicht mehr lebte. Aber nun konnte er die Tür nicht mehr öffnen und so einen Schock erleiden. Fräulein Helga war bis vor kurzem noch „in Trauer".

Nun huschte ich, von Verzweiflung getrieben, eine Etage nach unten und betete unterwegs, sie möge bitte, bitte zu Hause sein. Gebete wurden erhört und ihre Tür öffnete sich. Bevor Fräulein Helga auch nur ein Wort sagen konnte, stand ich in ihrem Flur und schlug die Tür von innen zu.

Die erste Frage lautete: „Wie sehen Sie denn aus?", nicht etwa: „Was ist passiert?" oder „Kann ich helfen?" – Nein! Fräulein Helgas große Augen kamen auf mich zu und ich erzählte, was mir passiert ist. Sie war eine Frau der Tat und immer freundlich und nett. Ich glaube, das hatte ich vergessen zu erwähnen.
Jedenfalls verschwand sie im Nebenzimmer. Mich hatte sie inzwischen in einen riesigen Sessel gedrückt. Bestimmt war dies der Sessel ihres verstor-

benen Vaters gewesen.

Danach stülpte sie mir ein zeltgroßes T-Shirt über. Sicher war auch das aus dem Nachlass vom Papa. Es ging mir fast bis zu den Knien und ich war so dankbar für dieses Minikleidchen, welches mir Schutz und Sicherheit bot, ja ein Stück Würde sogar zurückgab. Nachdem ich Fräulein Helga noch versicherte, dass da oben, in unserer Wohnung alles in Ordnung ist, hätten wir natürlich sehr gern und dringend meinen Mann angerufen. Aber Fräulein Helga hatte kein Telefon, niemand hatte ein Telefon.

Also hieß es warten, was ich so behütet gern in Kauf nahm. An unserer Tür, klemmte inzwischen ein Zettel mit Informationen für meinen Mann. So ging ein aufregender Nachmittag zu Ende. Ein paar Tage später saß Fräulein Helga bei mir im Wohnzimmer, wir tranken Kaffee und sagten von da an „Du" zueinander.

Margrit Prauß, 17. Februar 2022

Zum verwechseln ähnlich

Die vertauschten Schuhe - 1 -

Manchmal kommt es im Leben vor, dass sich Dinge zum Verwechseln ähnlich sind!

Am bekanntesten sind die aus einem Ei entstandenen Zwillinge. Da haben selbst die Eltern manchmal Schwierigkeiten, ihre Sprösslinge zu unterscheiden.

Vielfältig sind die Gelegenheiten, bei denen es zu Verwechslungen kommt. Sofern sie nicht zu großem Ärger führen, kann man manchmal herzhaft darüber lachen! So ist es mir bereits zweimal ergangen.

Die erste Begebenheit erlebte ich bei einem Geschwistertreffen. Es war bei uns zur Tradition geworden, einmal im Jahr gemeinsam eine Kurzreise anzutreten. Wir drei Schwestern organisierten mit unseren Ehemännern abwechselnd eine Fahrt zu interessanten Zielen. So besuchten wir auch die idyllische Kurstadt Bad Muskau mit dem wunderschönen Fürst-Pückler-Park. Eine Ferienwohnung diente uns als Domizil für den Aufenthalt dort. In der Diele befand sich die Garderobe, die von uns allen genutzt wurde. Die Schuhe standen zum Anziehen parat, wenn wir zu einer Tour aufbrachen.

Nun haben wir Frauen fast eine Schuhgröße – mit kleinen Abweichungen. So kam es, wie es kommen mußte! Meine älteste Schwester besaß ein Paar flache schwarze Schuhe, das meinem danebenstehenden Paar zum Verwechseln ähnlich sah. Als wir für einen Ausflug in die bequemen Schuhe schlüpften, erwischte ich prompt die falschen! Meine Schwester entschied sich an diesem Tag für ihre Sandalen, so dass die Verwechslung zunächst nicht auffiel. Bei mir machte sich nach einer Weile die Enge der zu kleinen Schuhe bemerkbar. Verwundert betrachtete ich diese genauer – waren sie doch sonst so angenehm und problemlos zu tragen. Zu meinem Leidwesen erkannte ich das Übel, aber zu einer Umkehr war es zu spät.

So ertrug ich bei unserem Ausflug tapfer die Folgen der Ähnlichkeit zweier Schuhpaare. Natürlich brachen meine Schwestern und die Männer in schallendes Gelächter aus, als ich die Verwechslung kundtat. Das Lachen war so ansteckend, dass ich schließlich einstimmte. Meine Füße bezahlten für das Versehen naturgemäß mit Schmerzen. Die Befreiung von ihrer engen Hülle war eine wirkliche Wohltat.

Zu dieser Geschichte kann man nur sagen: Wer den Schaden hat, braucht für den Spott nicht zu sorgen!

Hannelore Wolf, März 2022

Die vertauschten Schuhe - 2 -

Zum Geburtstag meines älteren Sohnes trafen sich mehrere Gäste zu einer kleinen Familienrunde. So war auch die Schwiegermutter aus Öderan da, die mit ihrem PKW angereist war.

Nach ein paar fröhlichen Stunden bei Speis' und Trank folgte ein Spaziergang in der Blütenstadt Werder. Das gemeinsame Abendessen beendete schließlich die nette Zusammenkunft und die ersten Gäste traten die Heimfahrt an.

Die Mutter meiner Schwiegertochter hatte den weitesten Weg nach Haus'. Im etwas spärlich beleuchteten Flur zog sie sich für die Autotour an. Aus der Reihe der dort abgestellten Schuhe wählte sie ihr passendes Paar aus.

Zufällig trug ich an diesem Tag ähnliches Schuhwerk, allerdings in einer anderen Größe. Nach der Verabschiedung verließ sie die Wohnung. Sie bemerkte nicht, dass sie die falschen Schuhe angezogen hatte. Dieser unangenehme Tausch wurde mir zum Verhängnis! Als auch wir die Heimfahrt antreten wollten, hielt ich verwundert Ausschau nach meinen Schuhen. Wo waren sie nur geblieben? Das Paar, das für mich nun zur Verfügung stand, war zu groß und die Besitzerin unterwegs nach Sachsen. Nun war guter Rat teuer! Die anwesenden Gäste amüsierten sich köstlich über diese Verwechslung.

Meine Schwiegertochter informierte ihre Mutter per Handy über ihr Versehen. Diese hatte noch nicht bemerkt, dass sie in der falschen Fußbekleidung steckte. Sie schlug vor, meine Schuhe am nächsten Tag per Post zurückzusenden.
Aber mit welchem Schuhwerk sollte ich nun den Heimweg antreten? Notgedrungen zog ich die mir zu großen Ersatzschuhe von meiner Schwiegertochter an. Diese Lösung half schließlich allen Beteiligten zu einem guten Ende.

Die Geschichte löste stets Heiterkeit aus, wenn ich sie jemandem erzählte.
Bei jedem weiteren Treffen achten wir nun besonders darauf, stets in das eigene, passende Schuhwerk zu schlüpfen!
Fazit: Aus Schaden wird man klug, oder?

Hannelore Wolf, 2022

Der vertauschte Mantel

Ab und zu, eher selten, bekamen wir Besuch aus Westberlin. Es kamen meine Tante, mein Onkel und Tante Hilma. Tante Hilma war aber keine richtige Tante von mir, sondern die Nachbarin von meiner Tante. Aber für mich und uns alle war sie „Tante Hilma".

Da der Tagesbesuch um 24.00 Uhr beendet sein musste, das heißt, man musste um 0 Uhr das Land verlassen haben, war stets Eile geboten beim Aufbruch.

Schnell zogen sich alle ihre Jacken und Mäntel an und stiegen in das Auto. Jedoch fuhren sie diesmal nicht gleich los. Was war? Irgendetwas stimmte nicht. Die Autotür ging auf und Tante Hilma kam aufgeregt zurück gelaufen.

In der Eile und in der Dunkelheit hatte sie den falschen Mantel gegriffen. Sie hatte einen grauen langen Mantel. An unserer Garderobe hing aber noch ein grauer, langer Mantel.

In der Aufregung hatte sie den Mantel von meinem

Vater gegriffen.

Mein Vater war beim Polizeiorchester Musiker und das war sein Dienstmantel von der Polizei, ein Uniformmantel mit Schulterstücken.

Gut, dass sie es noch rechtzeitig gemerkt hat. Das hätte ja so ein Ärger auf beiden Seiten gegeben. Man weiß ja nie, wie das ausgegangen wäre, wenn sie mit dem Uniformmantel am Grenzübergang aufgetaucht wäre.

Wir haben aber trotzdem alle schön gelacht.

Ellen Wutschik, Januar 2022

Malheur - was man bei anderen sieht....

Es ist schon lange her. Wir lebten noch in der DDR. Um nach Ostberlin zu kommen, mussten wir lange Umwege in Kauf nehmen. Über den Potsdamer Hauptbahnhof, über den im weiten Umfeld gelegenen Bahnhof Genshagener Heide und über Schönefeld. Das alles war nicht lustig, denn für einen derartigen Betrieb waren diese Bahnhöfe nicht ausgerichtet.

Um die Sachlage zu verbessern, wurde im Umland von Potsdam ein neuer Bahnhof gebaut. Da musste man aber auch erst einmal hinkommen. Der vorhandene Busverkehr zu diesem, zur Erleichterung gedachten Bahnhof, ließ auch zu wünschen übrig. Vor allem in den späten Abendstunden gab es lange Wartezeiten und nachts fuhr überhaupt kein Bus mehr.

Taxis waren teuer und auch sehr selten zu bekommen. So gab es dann von Autofahrern Hilfeleistungen. Ein kleines Handgeld wechselte am Ziel den Besitzer und alle waren zufrieden. Auch mein Bruder nahm des öfteren Leute vom Bahnhof in seinen Heimatort mit. Eines Tages ging es dann aber schief. Ein gut gestellter Herr mit Frau bot 20,00 MDN (Mark der Deutschen Notenbank) an, um bis nach Teltow mitgenommen zu werden. Mein Bruder sagte zu.

In Teltow angekommen, war der Herr dann jedoch anderer Meinung. "Du wärst ja sowieso gefahren, also danke". Mein Bruder klärte erst mal auf, dass das "Du" nicht ausgemacht war. Da das Angebot zur Bezahlung der Mitnahme von ihm als Fahrgast gekommen war, also Bezahlung.

Ansonsten hätte er eigentlich eigentlich kein Geld verlangt. Neppen ließe er sich aber nicht. Dann verriegelte er mal rasch die Türen, dass seine Fahrgäste nicht aussteigen konnten und fuhr wieder los. Zurück zum Potsdamer Bahnhof. Dort Autotüren auf, bitte aussteigen. Das fand der Herr nicht komisch und wollte sitzen bleiben. Doch als mein Bruder dann per Funkgerät versuchte eine Volkspolizeistreife zu erreichen, sind seine Mitfahrer sehr hastig ausgestiegen und haben sich schnell entfernt.

Mein Bruder hat uns das Geschehen geschildert. Er ist zwar dadurch fast eine Stunde später von seiner Arbeit nach Hause gekommen, aber die Gesichter seiner Mitfahrer, von hochmütig bis erschreckt, hätten ihn voll entschädigt. Wir haben dann alle herzhaft darüber gelacht. Es stimmt eben immer wieder: "Malheur was man bei anderen sieht, wirkt stets erheiternd auf's Gemüt."

Eva-Maria Kluck

Der Schuster hat die schlechtesten Schuhe

Mein Vater war Autoschlosser, hatte gute Verbindungen zu Ersatzteilen bzw. Ersatzteilspendern und alle notwendigen Werkzeuge für eine erfolgreiche Reparatur, einschließlich aller Lackierarbeiten, die Rost und Beulen verschwinden lassen konnten.

Das umfangreiche „Ersatzteillager" war nicht örtlich begrenzt, sondern wurde im Bedarfsfall um den Küchentisch oder den Flurschrank erweitert, sehr zum Kummer meiner Mutti. Frisch lackierte Kotflügel und Stoßstangen wurden zur Vermeidung von Kratzern im Schlafzimmer auf oder unter dem Bett gelagert, vorzugsweise auf der rosa Tagesdecke.

In der Wegbeschreibung zu unserem Grundstück kam immer das Wort „Schrottplatz" vor.

Wir Kinder legten alle Wege mit dem Fahrrad zurück, denn in Kleinmachnow war alles sehr weitläufig. Sobald wir den Ort verlassen wollten, stiegen wir mit unseren Eltern ins Auto. Allerdings sahen unsere

Autos keineswegs so gut aus oder waren so fahrtüchtig wie die Fahrzeuge der Freunde und Bekannten meines Vaters. Und viele wollten zu seinen Freunden zählen. Mein Vater war immer bereit, sich unverzüglich, mit Vorliebe in Bürokleidung, um die Autos der anderen zu kümmern, nur unsere bekamen nur ein Minimum an Aufmerksamkeit. Unsere Vehikel hatten alle möglichen und unmöglichen Defizite.

Zum Beispiel mussten unsere Autos regelmäßig angeschoben werden. Das passierte unter anderem auch wenn wir in „Gala" zu einer Familienfeier wollten.

Eine Episode an einem regnerischen Frühlingstag habe ich noch genau in Erinnerung. Meine Mutti hatte sich für diese Feier aus hellem Wollstoff einen schicken Rock genäht. Meine Mutti, mein kleiner Bruder und ich schoben also mit Leibeskräften in unserer Ausfahrt das störrische Gefährt leicht bergauf, um es zum Fahren zu bringen. An der höchsten Stelle ging es nicht weiter, wir schoben und schoben verbissen weiter – und plötzlich sprang der Motor an und mein Vater fuhr mit einem Ruck los.
Nun landete Mutti mit einem sportlichen Bauchklatscher im Matsch.

Wir standen starr vor Schreck und warteten mit eingezogenem Kopf auf einen wütenden Aufschrei. Sie sah angewidert von der Pampe an sich herunter und begann zu lachen. Der neue Rock landete ohne Umwege im Mülleimer. Ob wir trotz unserer Verspätung noch etwas von dem Geburtstagskuchen abbekommen haben, weiß ich nicht mehr.

Ein anders mal hatten wir ein Leck an der Benzinleitung. Jeder andere hätte deshalb sein Auto stehen lassen oder repariert. Mein Vater hatte eine weniger aufwendige Lösung. Er stellte einen Benzinkanister in den Kofferraum und legte einen Schlauch vom Motor bis zum Kanister und los ging die Fahrt. Diesmal war ein Bekannter mit an Bord und wir fuhren ins Gespräch vertieft auf der Autobahn. Erst als wir schon sehr an Geschwindigkeit verloren hatten, fiel auch das untypische Motorengeräusch auf. Der Bekannte stand ohne schlechtes Gewissen im wahrsten Sinne auf dem Schlauch. Ich glaube er hat nie wieder einen Ausflug in unserem Auto gemacht.

Es gab kaum eine längere Fahrt ohne Panne. Wieviel Zeit wir am Straßenrand verbringen mussten war ungewiss, aber wir konnten die Fahrt immer aus eigener Kraft fortsetzen.

Hatte mein Vater ein neues Modell im Auge, übrigens immer ein Unfallauto, wurde unser Auto in einen nahezu Neuzustand versetzt und zu einem Freundschaftspreis verschleudert. Dann waren wir, bis zum nächsten Modell, wieder in einem Schrottauto unterwegs.

Das änderte sich erst mit der Geburt seiner Enkeltochter, denn mit ihr im Auto wollte er keinen Zwangsaufenthalt riskieren.

Evelyn Barucker

Nachbarn

Anfang der 70er lebte ich mit meinem Mann und unserer kleinen Tochter in einer Neubauwohnung.

Der Arbeitstag war lang und so blieb die Hausarbeit zum großen Teil für den Samstag.

Neben Hausputz und Kochen musste auch die Wäsche gewaschen werden. Dazu wurde sie in die nicht besonders wäscheschonende Wellrad-Waschmaschine WM 66 gefüllt, in der die Wäsche nur gewaschen werden konnte. Das Spülen der Wäsche erledigte ich per Hand in der Badewanne. Dazu füllte ich die Badewanne mit Wasser, spülte die Wäsche darin, wand sie aus und legte die ausgewundene Wäsche in das Waschbecken. Diese Prozedur musste natürlich mehrfach wiederholt werden. Damit es nicht länger als nötig dauert, war bei dieser Tätigkeit der Wasserhahn über der Badewanne voll aufgedreht.

Mitten in dieser Beschäftigung klingelte meine Nachbarin, weil das Nachbarmädchen mit unserer Tochter spielen wollte. Ich ging vor die Wohnungstür und – plumps – fiel die Tür hinter mir ins Schloss.

Unsere Tochter spielte bei der Oma im drei Kilometer entfernten Garten, mein Mann war für mehrere Stunden nicht erreichbar und ich stand ohne Schlüssel in „Hauskleidung" vor der Wohnungstür. Dahinter hörte ich das Wasser rauschen. Nun war guter Rat teuer.

Im Geist sah ich schon meinen Hausrat in der Wohnung umherschwimmen und die Nachbarn unter mir toben, weil in ihrer frisch renovierten Wohnung das Wasser von der Decke gelaufen kam.

Die Nachbarin holte ihren Mann.
Mit „Einbruchswerkzeug" ausgerüstet versuchte er, unsere Tür zu öffnen, ohne sie dabei zu zerstören. Da das nicht gleich klappte, lud mich ein anderer Nachbar auf sein Moped, und fuhr mit mir – ich in Schürze und mit Hausschuhen – den Ersatzschlüssel bei meinen Eltern zu holen. Den Wettlauf gewann zum Glück der „Einbrecher" und das Wasser war schon abgedreht, als wir mit dem Schlüssel eintrafen.

Die Bewohner des Hauses hatten den Verlauf der drohenden Überschwemmung mit verfolgt und nach dem positiven Ausgang wusste fast jeder, eine eigene Geschichte von einer zugeschlagenen Wohnungstür zu erzählen.

Einige Monate später tropfte das Wasser unter unserem Bad tatsächlich von der Decke. Es war Waschtag. Die aufgeregten Nachbarn erschienen vor unserer Wohnungstür und wollten die Wasserquelle finden. Ich ließ sie in unser Bad, in dem der Fußboden natürlich an einigen Stellen feucht war. Der Schlauch der Waschmaschine wurde zum Entleeren in das Toilettenbecken gehangen und die nasse Wäsche musste von der Waschmaschine in die Badewanne transportiert werden. Dabei landeten schon einige Tropfen auf dem Boden. Sie konnten zwar keine Überschwemmung erkennen, waren jedoch nicht restlos von unserer Unschuld überzeugt.

Solche verärgerten Besuche hatten wir mehrmals, immer am Waschtag.

Eines Tages erschien der Nachbar in Begleitung des Handwerkers der Wohnungsgenossenschaft, um mich als Verursacher der Überflutung zu überführen. Ich kam aber aus dem Schlafzimmer, weil ich mit einer Erkältung im Bett gelegen hatte. Ich konnte den Wasserschaden also gar nicht verursacht haben.

Bei genauerer Betrachtung stellte der Handwerker ein Loch im Abflussrohr zwischen unseren Wohnun-

gen fest. Bei großen Wassermengen floss das Was-
ser dann außen am Rohr weiter. So einfach war des
Rätsels Lösung – und der drohende Nachbarschafts-
krieg konnte vermieden werden.

Evelyn Barucker

Geburtstagsblumen

Der Geburtstag unserer Schwiegertochter war der Anlass, einen Blumenstrauß zu besorgen. Da es Samstag war, fuhr mein Ernst zu einem bekannten Blumengeschäft.

Als er für den sorgfältig ausgesuchten Strauß den geforderten Obolus entrichten wollte, fasste er in seine Jackentasche, aber vergeblich. Die Brieftasche war nicht zu finden. Der Verkäufer beruhigte den ratlosen Ernst: „Ist nicht so schlimm, zahlen sie eben bei der nächsten Gelegenheit". Aber Ernstels in Schwung gebrachten Gehirnwindungen waren nicht mehr zu bremsen. Er stand vor seinem „Wartburg Tourist" und grübelte. Er unterzog nochmals all seine Taschen einer gründlichen Kontrolle. Erst den Anorak, dann das Jackett und was war drin? Die Brieftasche!

Also zurück in den Laden und die Schuld beglichen. Nun unterzog er sich einer Tiefenprüfung und fand des Rätsels Lösung.

Zu Hause angelangt meinte er triumphierend: „Du sagst immer ich bin zu dick, dabei kann ich zwei Jacketts unter den Anorak ziehen, ohne es zu merken. So einfach war's.

Vera Lakos, 1987

Erkenntnisse

1) Früher hatte ich oft einen „Stich".
   Heute achte ich viel besser auf mich.
2) Ein Lächeln besiegt oft Zank und Streit
   oder aber Traurigkeit.
3) Aktivitäten bekämpfen das Gefühl der
   Ohnmacht und bringen uns unter gleich-
   gesinnte Menschen.

Gela, Juli 2022

Zwischendurch gewünscht

Wenn du mir nichts Böses tust
und haust mir auch nicht auf den Schädel,
dann lebe ich ganz wohlgemut
und bleibe gut und edel!

Gela, 25.06.2022

Blindes Vertrauen

Eines Abends wollte sich mein Ernst einer gründlichen Kopfwäsche unterziehen. Ich saß im Wohnzimmer als er rief: „Wo ist das Shampoo?" Auf meine Antwort hin ergriff er voller Vertrauen, ohne das Etikett zu lesen, die Flasche und begoss sich sein Haupt. Auf seinen Zuruf: „Das schäumt nicht!", rief ich zurück: „Musst mehr nehmen" und er verließ sich auf meine Sachkenntnis und nahm mehr.

Am nächsten Morgen hatte er statt Haaren ein festgefügtes Brett auf dem Kopf.

Des Rätsels Lösung – die benutzte Shampoo-Flasche war Haarfestiger.

Vera Lakos 1987

Biankas Campingstuhl

Als wir von Kleinmachnow in eine Etagenwohnung mit Balkon in Teltow übersiedelten, benötigten wir Campingstühle. Unsere beiden waren schnell besorgt.

Da unsere kleine Enkelin sehr oft bei uns war, musste noch ein Stuhl besorgt werden. Also auf nach Potsdam mit Klein-Bianka. Sie sollte sich das Sitzmöbel selbst aussuchen und genau das hätten wir lieber unterlassen sollen. Die Auswahl an Mustern und Farben war für unseren unentschlossenen Schatz zu viel.

Die Qual der Wahl begann. Gestreift, geblümt, getupft oder uni? Die Verkäuferin kam ins Schwitzen und wir auch. Endlich schien es geschafft. Wir erstanden ihn und verließen erleichtert und erlöst, das ausgesuchte Prachtstück eingepackt und verschnürt, die 2. Etage. Unten angelangt, kullerten plötzlich große Tränen bei unserem Liebling, da sie lieber einen anderen Stuhl wollte. Also nichts wie wieder zurück und die Verkäuferin um einen Umtausch bitten.

Völlig geschafft verließen wir, nach erfolgtem Um-
tausch, alle drei das Kaufhaus. Auf dem schwer er-
kämpften Stuhl sitzt es sich miserabel.

Vera Lakos, 1987

Wasserschaden

Wir wohnten mit vier, zeitweise fünf Personen in einer 2 ½ Zimmer Wohnung mit 56 m². Unsere kleine Tochter war 5 Jahre und die große Tochter 18 Jahre alt. Es wurde besonders eng, wenn der Freund der großen Tochter bei uns übernachtete.

Für den Herbst 1987 wurde uns eine Vier-Raum Wohnung mit 102 m² versprochen. Jeden Tag konnten wir auf dem Weg zur Arbeit den Baufortschritt beobachten. Oft war es jedoch ein Stillstand. Besonders schmerzte uns, zu beobachten, dass der Rohbau eine längere Regenperiode ohne Dach dastand. Das Gemäuer konnte sich richtig vollsaugen. Im Februar 1988 wurde der Bau dann zum Einzug freigegeben, obwohl die Handwerker noch Restarbeiten zu erledigen hatten und das Haus noch mitten in einer Sandwüste stand.

Das Haus musste von den Mietern erst trockengewohnt werden. Jeder, der seine Möbel sofort an die Wand schob, bezahlte das mit Schimmel. Wir hatten den Kleiderschrank im Schlafzimmer zu dicht an der Wand. Das war also der erste „Wasserschaden" in diesem Haus.

Im Herbst trauten wir uns dann, die hässliche Bautapete zu überkleben und lose hängende Kabel für die Decklampen zu verstecken.

Der Tapetenleim war kaum getrocknet, da plätscherte es zwischen Flur und Wohnzimmer von der Decke. Das große Aquarium in der Wohnung über uns war geplatzt. Sie hatten zwar alle Handtücher aus dem Schrank gezerrt und versucht, das Wasser aufzusaugen, jedoch mit wenig Erfolg.

Noch bevor die Versicherung bezahlt hatte bzw. der Schaden behoben war, hörten wir erneut dieses unangenehme Geräusch in unserer Wohnung. Diesmal hing die Tapete im Bad in einer dicken Beule von der Decke und das Wasser lief im Flur an der Wand entlang. Die nette Nachbarin hatte das Badewasser aufgedreht und sich dann zum Telefonieren ins Wohnzimmer gesetzt. Erst die Kinder hatten den schwimmenden Teppich im Flur entdeckt.

Neben unzähligen kleinen Wasserflecken folgten noch ein gelöster Wachmaschinenzufluss und eine weitere übergelaufene Badewanne.

Die „Übeltäterin" war eine sehr sympathische Frau, die jedes Mal sehr zerknirscht Besserung gelobte und ihren Mann als Handwerker anbot. Man konnte ihr einfach nicht böse sein.

Trotzdem war der Tag, an dem sie ihren baldigen Umzug in ihr Eigenheim verkündete, ein Freudentag für uns.

Evelyn Barucker

Bekommst du Schmerzensgeld?

Es ist schon etliche Jahre her, aber als ich beim Zusammenstellen dieses Büchleins die Friseurgeschichte las, fiel auch mir ein fürchterlicher Friseurbesuch ein.

Ich hatte damals halblanges Haar. Glatt, sehr volles Haar, mittelblond und irgendwie langweilig. Ich trug die Haare meist offen, konnte aber auch einen Zopf machen, oder sie hochstecken. Also bequem und man musste nicht dauernd nachschneiden. So weit, so gut.

In unserer Gegend hatte ein neuer Frisiersalon eröffnet (irgendeine Kette) und ich besorgte mir einen Termin. Ich hatte Lust auf eine neue Frisur, ich war grad um die 40 und dachte, es wäre eine gute Gelegenheit, mal etwas zu verändern.

Ich freute mich auf den Tag und war pünktlich und erwartungsvoll. Ein Foto hatte ich dabei.

Die Friseurin, etwa in meinem Alter, fuhr mir durchs Haar und meinte: „Bei Ihren schönen Haaren wird die Frisur toll aussehen." Super, ich entspannte mich, genoß die Haarwäsche und die Kopfmassage und ließ sie gewähren.

Beim Schneiden war ich erst auch noch relaxt, aber es

hörte nicht auf. Sie hörte einfach nicht auf zu schneiden und ich bat sie, nicht noch mehr zu kürzen. Aber es war zu spät.

Meine schönen Haare lagen auf dem Boden, einen Zopf konnte ich nicht mehr machen. Ich bat sie darum, wenigstens die Haare auf Kinnlänge zu lassen, so dass ich auch noch beim föhnen irgendwas über die Bürste ziehen kann.

Sie versprach es, aber die Fitzelchen, die sie schon reingeschnitten hatte, mussten ausgeglichen werden. Ich war den Tränen nahe und bat um eine andere Friseurin. Die beiden hatten eine ähnliche Frisur (irgendwie ältlich). Soooo wollte ich auf keinen Fall aussehen. Die zweite meinte, „Wir könnten eine leichte Dauerwelle machen, dass gibt immer schönes Volumen nach dem föhnen im Haar.“

„Nein, keine Dauerwelle, ich hatte bisher viel Volumen", mein Ton wurde schärfer. „Hören Sie mit allem auf und föhnen Sie nur noch trocken".

Ich war sauer, ich war so sauer.

Meine Tochter wollte mich abholen und spähte durch die Schaufensterscheibe. „Sie sieht mich nicht", dachte ich und winkte ihr zu. Ohjeh, sie hatte mich gesehen, aber nicht glauben wollen, dass ich es bin. „Mami, Du siehst ja aus wie die da, so irgendwie Omahaftig" und wies auf die Friseurin. Sie hatte sooo recht, ich fühlte mich schrecklich.

Ich stand auf, zahlte und floh förmlich aus dem Laden. Eine Oma-Frisur, Tränen in den Augen und für's Verschandeln auch noch bezahlt. Was für ein furchtbarer Tag.

Zu Hause angekommen, versuchte ich ungesehen ins Bad zu huschen und den Kopf unter die Dusche zu bekommen, um vielleicht die NICHTFRISUR anders stylen zu können. Aber mein Mann sah mich ungläubig an. „Bekommst du dafür Schmerzensgeld"? „Hör bloß auf, ich fühl mich schon schlecht genug", fuhr ich ihn an. Ich verschwand im Bad, wurschtelte so lange herum, bis ich einigermaßen „normal" aussah, stapfte wieder heraus und suchte eine Mütze. Im September.

Mein Mann kochte derweil Kaffee und ich beruhigte mich langsam. Dann dachte ich über das Schmerzensgeld nach. „Das werde ich nicht bekommen, aber ich gehe morgen hin und werde mein Geld zurückfordern", so hatte ich beschlossen.

Am nächsten Tag (meine Kolleginnen hatten auch ihre helle Freude an meinem haarigen Missgeschick) fuhr ich direkt nach Dienstschluss zum Friseur und bat um ein Gespräch. Die Friseurin versuchte mich abzuwimmeln, aber ich ließ nicht locker und die Chefin kam hinzu. Noch einmal schilderte ich mein

Problem, zeigte ihr das Foto und nahm die Mütze ab.
Ohne viel Theater bekam ich mein Geld zurück.
Niemals wieder betrat ich diesen Salon.
Ich nahm mein Geld, fragte bei einem anderen Friseur nach einem „Rettungstermin" und konnte gleich da bleiben. Die Haare wurden nochmals kürzer (ich hatte nun den vielgepriesenen Kurzhaarschnitt für die Frau ab 40), aber wenn ich den eigentlich nicht wollte, so konnte ich die Mütze danach in der Tasche lassen. Jetzt war das Geld dann wenigstens bei einer verständnisvollen und einfühlsamen Friseurin gelandet.
Einige Jahre blieb es dann bei kurzen Haaren. Und bei dieser Friseurin.
Inzwischen sind die Haare wieder länger geworden, ich habe wieder einen Zopf, auch wenn er nun eine andere Farbe hat. Aber grau ist eine wunderbare Farbe.

Carmen Sabernak, September 2022

Pech gehabt

Letztens überlegte ich mir so, könntest dir ja mal wieder etwas kaufen. Ich ging in ein Modegeschäft, wenn man das so betiteln kann. Es gab schon viele Rabatt-Aktionen, im so genannten „Sale".

Die erste Wahl fiel auf ein Kleid. Da ich eigentlich ja keine Kleider trage, war das schon etwas Besonderes. Ich ging in die Umkleidekabine und zog es an. Na ja, so schlecht sah es nicht aus, der Preis ging auch. Na, mal sehen. Ich hängte es wieder zurück, merkte mir die Kleidergröße und stöberte weiter.

Ja, Strümpfe nehme ich dann auch noch mit, aber erst mal weiter schauen. Die Badesachen sind auch im Angebot. Da hing ein Badeanzug, der mir sehr gefiel, aber nur noch einer. Die Größe müsste passen, wie die vom Kleid. Ich wollte den aber nicht im Laden anprobieren und nahm ihn erstmal mit, denn man kann ja umtauschen oder zurückbringen.

Nach einigem hin und her und weiterem Gestöber, habe ich mich für den Badeanzug entschieden. Beim Kleid wollte ich noch einmal nachdenken und Socken, die gibt es ja auch immer. Also ging ich mit dem Badeanzug zur Kasse. Ich holte mein Portemonnaie aus der Tasche und wollte den geringen Betrag bezahlen. Da sah ich die Kundenkarte von diesem Geschäft und dachte mir so: „Ach wirst du die mal wieder benutzen". Ich gab sie der Verkäuferin und sie scannte sie ein. „Herzlichen Glückwunsch" sagte sie. „Wie?" Ich sah sie fragend an. „Na hören sie doch mal", lächelte sie.

Aus dem Lautsprecher des Geschäftes, woher sonst die Musik ertönt, hörte ich jetzt „Herzlichen Glückwunsch. Sie sind die 100 Kundin und sie haben ihren gesamten Einkauf gewonnen". „Toll" dachte ich, ich muss also den Badeanzug aus dem Angebot nicht bezahlen. Aber was ist, wenn er nicht passt? Umtauschen geht nicht, gab ja nur den einen und zurückgeben geht auch nicht, hat ja nichts gekostet. Ok. So ist es nun mal. Ich verließ den Laden und ärgerte mich darüber, das Kleid und die Socken nicht genommen zu haben. Zu Hause zog ich den Badeanzug an. Hätte eine Nummer größer sein können.

Pech gehabt.

Ellen Wutschik, September 2022

Komische Einkaufstasche

1976 bekamen wir als AWG-Mitglieder mit ausreichend geleisteten Aufbaustunden für drei Personen eine Zwei-Raum-Wohnung mit Fernheizung. Diese Wohnung konnten wir mit einer frisch geschiedenen Frau in eine Drei-Raum-Wohnung mit Kachelöfen tauschen. Mein Mann und ich sind beide in Einfamilienhäusern mit Zentralheizung groß geworden. Das Heizen eines Ofens gehörte also nicht zu den antrainierten Tätigkeiten.

Kohlen aus dem Keller holen, Asche vorsichtig aus dem Ofen entfernen und heizen waren ständige Reizthemen, aber eben notwendige Aktionen. Ich war schon immer dafür, Abläufe zu rationalisieren, und so schlug ich meinem Mann vor, den Kohleneimer auf dem Weg in die Kaufhalle vor unserem Keller abzustellen. Auf dem Rückweg sollte er den gefüllten Kohleneimer dann in den ersten Stock bringen.

Um seine Ruhe zu haben zog er also los. In einer Hand hatte er die Einkaufstasche und in der anderen Hand den Kohleneimer. In der Kaufhalle wollte er nach dem Einkaufskorb greifen – aber beide

Hände waren schon besetzt. Er schaute an sich herunter und entdeckte wutschnaubend den Kohlen-eimer. Er kam tobend nach Hause und beschwerte sich über meine blöde Idee. Bei der Vorstellung wie er mit dem Eimer in der Kaufhalle stand, musste ich natürlich lachen. Das verbesserte die häusliche Stim-mung jedoch nicht.

Die Geschichte machte natürlich im Freundeskreis die Runde. Es wurde noch oft darüber gelacht, wie man sich einen Weg sparen kann.

Evelyn Barucker, Oktober 2022

Schnee im Mai

Am 10. Mai 1968 wurde in meinem Elternhaus in Kleinmachnow mein Polterabend im kleinen Kreis mit Familie und Nachbarn gefeiert. Als besonderer Gast nahm meine Chefin mit ihrem Mann daran teil.

Ich war zwei Monate vorher erst mit der Berufsausbildung fertig geworden und mein Bräutigam hatte 10 Tage vorher den Dienst bei der Nationalen Volksarmee beendet. Wir hatten also beide Zukunftspläne und Wünsche, aber kein Geld für eine teure Feier übrig.

Er war ein sehr schöner Abend, aber unserem Nachbarn Toni war es wohl zu ruhig. Toni war wie ein großer Junge und seine Ideen waren gut gemeint, aber oft nicht bis zu Ende gedacht. Mein Polterabend war dann solch ein Tag.

Es war schon zu kühl im Garten und wir hatten uns in das Wohnzimmer zurückgezogen. Plötzlich klingelte es. Ich öffnete die Haustür und stand mitten im zentimeterdicken „Schnee eines Feuerlöschers". Er war so stolz auf seine gezauberte Winterkulisse.

Meine Eltern begannen sofort den Schaden zu begrenzen und den CO_2-Schaum von der Haustür zu beseitigen, was sich als sehr schwierig herausstellte. Der Schaum verteilte sich ungewollt in der unteren Etage und der Mann meiner Chefin verdarb sich seinen teuren Anzug. Bei den anderen Gästen waren „nur" die Schuhe betroffen.

Der Wintereinbruch beendete sozusagen den Polterabend, denn das Haus musste für den zweiten Teil der Hochzeitsfeier erst wiederhergestellt werden. Mein Zukünftiger konnte dabei nicht helfen, weil er an diesem Abend wie immer noch vier Kilometer nach Hause laufen musste. Er durfte schließlich erst nach der Hochzeit in unserem schon sorgfältig umgebauten Kinderzimmer bei mir wohnen und schlafen.

Ich schaute meinem Bräutigam lange traurig hinterher und sah, wie er am übernächsten Grundstück die Hände auf den Zaun stützte und den Kopf darauf ablegte. So müde war er. Das erzählte ich mit Bedauern in der Stimme am nächsten Tag an der Hochzeitstafel. Daraufhin grinste meine Schwiegermutter meinen Schwiegervater an und sagte: „Deshalb hat er immer schmutzige Manschetten, wenn er nach Hause gelaufen kommt."

Evelyn Barucker, September 2022

Der Salto

Im Jahre 1961 zog meine Familie in ein etwas größeres Haus in den Kleinmachnower Elsternstieg. Kurz danach wurde aus dem friedlichen Mehrfamilienhaus gegenüber eine Kaserne mit Wachhäuschen an der Eingangstür. Bis zum 13. August wurden immer mehr Soldaten und Fahrzeuge dort stationiert. Vor unserem Grundstück war außerdem ein großer Kieshaufen entstanden.

Nach der Schule stand mein Bruder gerne neben dem Wachhäuschen und unterhielt sich mit den diensthabenden Soldaten. Es waren alles sehr junge Wehrpflichtige. Meist stand ein dicker hungriger Soldat in dem Wachhäuschen. Aus Mitleid versorgte mein Bruder ihn mit unseren „Essensresten". Das veranlasste meine Mutti zu der Bemerkung: „Wenn wir den Dicken nicht hätten, bräuchten wir eine dritte Mülltonne."

Mein damals 10-jähriger Bruder brachte seinem „Freund" die nächste Essenszuteilung zusammen mit dem Kommentar meiner Mutti. Der lachte aber nur und aß seelenruhig weiter.

Nach einiger Zeit kannten wir dann schon einige der gelangweilten jungen Männer von gegenüber. Meine Mutti war mit dem Fahrrad auf dem Heimweg und unterhielt sich auf den letzten Metern vor unserem Haus schon mit unserem Dicken.

Dadurch war sie abgelenkt, blieb mit dem Vorderrad in dem besagten großen Kieshaufen stecken und machte einen Salto über den Lenker. Den erschrockenen herbeieilenden Soldaten erklärte sie: „Nichts passiert, so steige ich immer ab!"

Über die ungläubigen Gesichter und ihre schlagfertige Aussage hat sie noch stundenlag gelacht – und wir alle mit.

Evelyn Barucker, Oktober 2022

Missgeschick zur Faschingsfeier

Trari Trara – die Faschingszeit ist da!

Voller Vorfreude fieberten wir Schulkinder diesem Ereignis jedes Jahr entgegen.

Das bunte Faschingstreiben zog uns in seinen Bann und bereitete riesigen Spaß. Lange Zeit vorher zerbrach man sich den Kopf, in welches Kostüm man schlüpfen wollte. Meine Mutter zauberte, dank ihrer Nähkünste, wunderbare Kostüme für uns.

Mein Kostüm für die Verkleidung zu einem Pinguin lag zur Anprobe bereit. Der schwarz-weiße Frack mit Hosenteil, genäht aus einem Laken und schwarzglänzendem Taft, umschloß den Körper wie eine Hülle. Die Arme steckten in den als Flügel genähten Ärmeln. Die größte Schwierigkeit bereitete die Kopfbedeckung. Hierfür fertigte die geschickte Näherin ein Kopfteil mit Augenlöchern und einer Öffnung für den Schnabel an. Der Pappschnabel thronte in Höhe der Nase auf dem Gesicht. So ausgerüstet konnte mich bestimmt niemand erkennen. Stolz führte ich meinen Geschwistern den im Pinguinkostüm versteckten Körper vor. Sie riefen begeistert: „Damit ist dir bei der Preisverleihung ein Platz sicher!"

Voller Ungeduld warteten wir Kinder auf den Tag des Schulfaschings. Endlich war es soweit und das Verkleiden konnte beginnen. Meine Mutter half mir beim Anziehen des ungewohnten Kleidungsstückes. Da das Kopfteil mit dem Schnabel nicht so stabil am Kostüm haftete, nähte sie es kurzerhand fest.
So zog ich als großer Vogel von unserem Haus die Dorfstraße entlang bis zur Schule. Viele verwunderte Blicke begleiteten mich auf dem Weg dorthin. Bei meiner Ankunft hatte sich bereits ein buntes Völkchen in phantasievollen Kostümen versammelt. Nun rätselten sie, wer sich wohl in dem eleganten Frack des Pinguins verbarg.

Sie mußten sich aber bis zum Höhepunkt der Faschingsfeier gedulden: Die Prämierung der besten Kostüme! Mein Pinguin erhielt den 2. Preis! Ich konnte mein Glück kaum fassen und stolzierte unter lautem Klatschen zur Saalmitte.
Alle warteten gespannt auf die Demaskierung, aber oh Schreck – der Pinguinkopf ließ sich nicht abnehmen. Er war so fest angenäht, daß ich mich ohne fremde Hilfe nicht davon befreien konnte. Schließlich

holte jemand eine Schere und löste die Maske.

Unter den neugierigen Blicken der Anwesenden kam ein ziemlich aufgeregtes Mädchen zum Vorschein und lächelte verschämt in die Runde. Alles lachte laut über den Vorfall und die Feier nahm ihren Lauf. Ich bekam den Preis für mein tolles Kostüm und war glücklich. Meine Mutter war natürlich stolz über den 2. Platz für das von ihr angefertigte Meisterwerk. Über mein Mißgeschick damit wurde noch viel gelacht, geriet aber bald in Vergessenheit.

Hannelore Wolf, September 2022

Der Bumerang

Meine Mutti bekam zu Weihnachten von ihrer Chefin ein Parfüm geschenkt. Sie war ein sportlicher Typ und mochte keine süßen schweren Düfte. Leider gehörte das Geschenk genau in diese Kategorie und meine Mutti fand es furchtbar. Sie überlegte nun, wie sie den Duft auf elegante Weise loswerden konnte.

Unsere Tante Erna, ein Fräulein aus Muttis Bekanntenkreis, die keine Berührungspunkte mit Muttis Chefin hatte, schien die geeignete Empfängerin zu sein. Bei ihrem nächsten Sonntagnachmittagsbesuch überreichte meine Mutti ihr feierlich das Geschenk. Sie mochte süßes Parfüm und alle waren froh.

Aber nur bis Tante Erna zum nächsten Sonntagsbesuch genau dieses Parfüm trug. Es dauerte viele Sonntage, bis die Flasche endlich leer war. Es einfach gleich zu entsorgen, statt zu verschenken, hätte ihr diese monatelange Geruchsbelästigung erspart. Sie konnte ja schlecht zugeben, dass sie etwas unangenehm Riechendes verschenkt hatte.

Also immer gut überlegen, was man mit ungeliebten Geschenken macht.

Evelyn Barucker, Oktober 2022

Mut zur Hexe?

In der Schulzeit hatte ich zwei Freundinnen, die in meiner unmittelbaren Nähe wohnten. Wir verbrachten viel Zeit miteinander, gingen gemeinsam zum Schulchor, spielten zusammen im Garten und im Winter gingen wir zum Schlittschuh laufen.

Als die Ankündigung für einen Schulfasching kam, haben wir sofort überlegt, welche drei zusammenpassenden Figuren wir darstellen könnten. Wir grübelten sehr lange, aber die zündende Idee wollte nicht kommen. Zwischendurch erörterten wir Hänsel, Gretel und die Hexe. Dieser Vorschlag wurde jedoch wegen der unpopulären Hexe verworfen. Drei Tage vor dem Termin war uns immer noch nichts Passendes eingefallen und wir kamen auf Hänsel und Gretel zurück.

Nun wurden die Figuren verteilt. Meine Freundin Elli hatte blonde lange Zöpfe und meine hellblonden Haare waren nur schulterlang. Somit war sie die ideale Gretel-Besetzung. Meine Freundin Regina hatte dunkle kurze Haare und wurde mit der Kleidung ihrer Brüder zum Hänsel. Für mich blieb nur die schreckliche Hexe übrig.

Meine Mutti freute sich über diese Aufgabe und setzte alles daran, mich so hässlich wie möglich zu machen. Ein schwarzer langer Rock, eine dunkel gemusterte Bluse, ein Kopftuch und ein Besen waren schnell gefunden. Damit auch jedem klar wurde, wen ich darstellte, gab es noch eine hässliche Brille, eine Warze auf die Nase und etwas Schmutz in das Gesicht. Die Maskerade war gelungen und meine Mitschüler waren begeistert. Damals brachte ich es nicht so recht fertig, mein Outfit mit Humor zu nehmen. Ich sehnte das Ende der Veranstaltung herbei.

Zum 60. Geburtstag von „Hänsel" habe ich mich dann selbst als Hexe verkleidet und zusätzlich noch Falten aufgemalt. Diesmal hatte ich Spaß an meiner Aufmachung und freute mich, dass die Geburtstagsgäste mich nicht gleich erkannten.

Ich schenkte ihr eine teure Gesichtspflege mit den Worten: „Ich habe diese tolle Gesichtscreme selbst ausprobiert. Schau, wie gut sie bei mir gewirkt hat."

Trotz meiner Ankündigung hat sie die Gesichtspflege später benutzt.

Evelyn Barucker, September 2022

Das Portemonnaie

Es muss 1998 oder 1999 gewesen sein, also schon lange her. In der Mittagspause wollte ich mir in der Betriebskantine etwas zum essen kaufen. Der Aufenthaltsraum unserer Abteilung diente gleichzeitig als Umkleideort für uns Schwestern. Es gab einen Metallspind, der 3 Fächer hatte und eine abschließbare Tür mit Fenster. Durch dieses Fenster konnte man gut die Taschen von uns Schwestern und unsere Berufskleidung wie Kittel, Hosen, Blusen etc. sehen.

Wir achteten sehr darauf, dass der Spind immer zugeschlossen wurde. Jede Schwester hatte ihren Schrankschlüssel an dem Abteilungsschlüssel und stets bei sich. Der Raum war während der Sprechzeiten allerdings für jeden zugänglich. Nach späterem Wissen ein „Ding der Unmöglichkeit". Ich lief also zum Schrank, um das Portemonnaie aus meiner Tasche zu holen. Unser Spind stand weit geöffnet da und der Schreck fuhr mir durch alle Glieder. Die Unordnung und das Durcheinander waren eindeutig.

Diebe hatten den Schrank geknackt und unsere Portemonnaies aus den Taschen geklaut. Das Entsetzen war groß, half aber gar nichts. Wir holten uns Zeugen und erstatteten Anzeige gegen „Unbekannt". Die Geschäftsleitung des Hauses wurde informiert und nun erstellte man eine neue Schließ- und Schlüsselordnung für alle Bereiche.

Die Geldbeträge, die weg waren, konnten wir verschmerzen. Keine von uns hatte mehr als 20 DM verloren. Viel schlimmer war, dass ich immer alle wichtigen Papiere, wie Ausweis, Führerschein, Versichertenkarte, Sportausweis, Brillenpass usw. im Portemonnaie aufbewahrte. Gott sei Dank war die EC - Karte zu Hause. Nun hatten wir drei, besonders ich, wegen der gestohlenen Dokumente den Schaden. Unser Aufenthaltsraum wurde ab sofort immer zugeschlossen. Wir kauften uns neue Portemonnaies und ich musste alle wichtigen Papiere neu beantragen. Das erwies sich als sehr teuer.

Es verging eine lange Zeit, sicher 3, 4 oder sogar 5 Jahre, als eines Abends Herr Schuster aus der Verwaltung bei uns klingelte. Er fragte mich, ob ich meine Geldbörse vermisse. Zuerst verstand ich gar nicht, dass er den Diebstahl von vor Jahren meinte. Dann überreichte er mir mein altes, hellbraunes Portemonnaie. Gut sah das nicht mehr aus, aber ich erkannte es natürlich. Alle meine Papiere waren noch drin, nur das Geld war weg. Auf dem Ausweis konnte man noch die Daten lesen und das Bild sah ziemlich mitgenommen, aber noch erkennbar, aus. Herr Schuster erklärte uns, wie es sich zugetragen hatte.

Der Dieb hatte damals das Geld aus den Portemonnaies genommen und diese danach entsorgt. Meins wurde im Untergeschoss der Poliklinik auf einer Patiententoilette versteckt und zwar in einer kaputten Deckenverkleidung. Dort lag es nun jahrelang, bis eines Tages Handwerker auf den Toiletten neue Verkleidungen anbrachten. Dabei fanden sie mein gestohlenes Portemonnaie von damals. Sie gaben es in der Verwaltung ab. Manche der Mitarbeiter konnten sich an den Vorfall von 1998/99 erinnern.

Herr Schuster brachte mir das gute, alte Stück von einst zurück. So klärte sich dieses Ereignis nach Jahren noch auf und man denkt: „Dumm gelaufen, und erst aus Schaden wird man klug".

Margrit Prauß, Oktober 2022

Eine Woge im Kreisverkehr

Das waren Zeiten – und Sachen gab's da!

Wann und wo? Ist schon lange her. DDR 1960. So in etwa. Wir, mein Mann und ich und mein Bruder mit Freundin, wir wollten am Wochenende schön ausgehen. Also auf nach Potsdam in eine Begegnungsstätte, so nannte man damals größere Einrichtungen mit vielfältigem Angebot. Diese hieß das „Haus der Deutsch-Sowjetischen-Freundschaft". Dort gab es alle möglichen Veranstaltungen. Unter anderem auch Tanzveranstaltungen. Wie zu dieser Zeit üblich – mit Livemusik. An diesem Tag war eine Quizveranstaltung mit Tanz. Kann ja vielleicht ganz nett sein. Doch irgendwie ging nichts los.

Na endlich kam der Veranstalter. Doch was der erklärte, war nicht erfreulich. Die Gastronomie hatte für den Abend abgesagt. Es gibt weder Essen noch Trinken. Eintritt zurück aber auch nicht, denn Raten kann man auch ohne Verpflegung und das Quiz findet statt. Auch wir blieben sitzen, zumal die Kapelle zur Einstimmung recht gut spielte. Na ja – Getränke kann man zur Not auch aus einer benachbarten Gaststätte holen. Dann kam die Hauptraterunde.

Ich hatte nicht so richtig aufgepasst und mir fiel die Tasche runter. Da sich ihr Inhalt zum Teil auf dem Boden verteilt hatte, stand ich auf, um alles wieder einzusammeln.

Der Quizmaster hatte das etwas anders gesehen und rief erfreut, dass sich die erste Dame schon gemeldet hat. Oh Gott – der meinte mich, weil ich in dem Moment aufgestanden war. Da sich in dem Augenblick noch die zwei fehlenden Kandidatinnen meldeten, und ich von meinen Leuten schadenfroh in Richtung Bühne geschubst wurde, blieb mir nichts anderes übrig, als gute Miene zum bösen Spiel zu machen und auf die Bühne zu gehen. Na ja, wenn man dann dabei ist, will man auch nicht gerade dumm dastehen – also mitgemacht.

Zwei der Preise konnte ich sehen und die konnten wir gerade gut gebrauchen. Eine Flasche Wein und eine Torte. Der Wein war der dritte Preis, die Torte der zweite. Dann kam der Herr zu mir, gratulierte mir zum Hauptgewinn. Zwei in Kunstleder gebundene Bände von dem beliebten russischen Schriftsteller Ilja Ehrenburg „Die neunte Woge".

Ich glaube mir entgleisten sämtliche Gesichtszüge. Wurde aber als Freude über den kostbaren Gewinn gedeutet.

In den nächsten Tagen hatte ich bei meinen Freunden ganz schön zu leiden. „Mit dir gehen wir öfter zu Raterunden, denn du kannst ja sogar auf der Bühne singen". Zu meinem Gewinn muss ich sagen, dass die Bücher einfach prima aussahen und bestimmt vom Wert her das Beste waren. Da ich gerne lese, habe ich mich darüber hergemacht und den Inhalt, so wie man sagt, quergelesen. Muss aber gestehen, weit bin ich nicht gekommen. Die russische Zeitgeschichte war doch nicht so meine Welt.

Etwas später waren die Bücher aber doch zu gebrauchen. Ein guter Bekannter hatte Geburtstag. Da allem Anschein nach sein Hobby die Deutsch-Russische-Freundschaft war, ist doch das Werk von Ilja Ehrenburg gerade richtig. Er hat sich auch, so wie man sehen konnte, sehr gefreut. Die Bücher bekamen auch gleich einen Platz im Regal. Als wir einige Zeit später bei ihm in der Wohnung waren, habe ich sie allerdings nicht mehr gesehen. Na - vielleicht werden sie gerade gelesen.

Nach so drei Jahren, zu meinem Geburtstag, kam mein Bruder mit seiner neuen Frau. Er war inzwischen verheiratet. Meinte, ich werde mich bestimmt über ihr Geschenk freuen. Seine Frau hätte etwas ganz Besonderes für mich ausgesucht.

Erschreckt sah ich auf das Paket, dass sie mir übergab. Ausgewickelt bestätigte sich meine Ahnung.

Unter dem Geschenkpapier kam sie hervor: „Die neunte Woge" von Ilja Ehrenburg. An einer kleinen eingerissenen Ecke habe ich sie wiedererkannt. Ich weiß nicht, wer in diesem Augenblick dümmer guckte, mein Bruder oder ich. Sie war wieder da. Vor Jahren gewonnen, wie oft verschenkt weiß ich nicht genau, war sie nun wieder bei mir. Zwei weitere Zwischenbesitzer konnten wir noch ermitteln.

Wir haben unsere Geburtstagsrunde dann aufgeklärt. Mein Bruder hatte sie von einem Kunden für die gute Erledigung einer Bestellung als Dankeschön geschenkt bekommen. Seine Frau kannte die Vorgeschichte ja nicht und glaubte ein besonderes Geschenk für mich zu haben. War es ja eigentlich auch, denn so oft wurde bestimmt kein Buch verschenkt wie die „Neunte Woge".

Ob sie wohl je auch gelesen worden ist, weiß ich nicht. Einige Seiten hefteten noch zusammen. Ich habe sie nicht weiter verschenkt. Habe sie aber dann doch bei meinem nächsten Wohnungsumzug tatsächlich vergessen.

Aus der Erinnerung aufgeschrieben 2022

Eva Maria Kluck

Das Täuscherchen

Meine Mutti nähte für uns Kinder und sich selbst viele Kleidungsstücke. Unter anderem entstand so auch ein modernes helles Wollstoffkostüm, bestehend aus einem Bleistiftrock und einer kurzen Jacke.
Einmal in der Woche probte im Saal der Babelsberger Gaststätte Hiemke ihr Mandolinenorchester. Dazu fuhr sie vom S-Bahnhof Düppel, das war ein Haltepunkt an der Stammbahn in Kleinmachnow, mit der S-Bahn nach Babelsberg.

Als sie in ihrem flotten Kostüm mit ihrer Mandola unterm Arm über den Bahnsteig ging, wurde ein leicht angetrunkener junger Mann auf sie aufmerksam. Er lief und rief ihr hinterher. Offensichtlich entsprach ihr Erscheinungsbild dem, einer sehr jungen Frau. Als er dann vor ihr stand, bemerkte er seinen Irrtum, lächelte sie an und sagte mit erhobenem Zeigefinger: „Du kleines Täuscherchen!"
Auf der Probe angekommen, gab sie die Geschichte zur Freude der Gruppe gleich zum Besten. Das Kostüm hatte jetzt für alle Zeiten einen Namen, das „Täuscherchen-Kostüm".

Evelyn Barucker, September 2022

Die Autoren:

Eva-Maria Kluck (Jahrgang 1935)
Geboren in Berlin, von 1936 bis 1997 in Kleinmachnow gelebt, danach in Stahnsdorf.

Berufe: Maßschneiderin und Wirtschaftskauffrau Sie war als Angestellte im Rat der Gemeinde Kleinmachnow, in der Landwirtschaftsbank in Potsdam und von 1975 bis 2000 im Gesundheitswesen (Geschäftsleitung, ab 1997 Leiterin des Seniorenbüros AVUS) in Teltow tätig.

Hobbys: Aus dem Leben schreiben: Anekdoten, bissige Leserbriefe, Glossen und Familiengeschichte, ehrenamtliche Tätigkeit in Selbsthilfegruppen.

Margrit Prauß (Jahrgang 1947)
ist in Sachsen geboren und aufgewachsen.

Beruf: Krankenschwester, Ausbildung med. Fachschule Hubertusburg Wermsdorf.
Seit 1969 wohnt sie in Teltow, hat 2 Töchter und 4 zauberhafte Enkelkinder. Sie liebte immer schon „Deutsch" in der Schule, schrieb gerne Aufsätze, spä-

ter Briefe. Gedanken, Erinnerungen und Erfahrungen aus ihrem Leben zu formulieren macht ihr viel Freude und sie gibt diese gern weiter.

Hannelore Wolf (Jahrgang 1944)
geboren in Westpreußen, nach der Flucht aus Danzig in Mecklenburg aufgewachsen, Ausbildung zur Kindergärtnerin im Schweriner Schloß. Umzug 1963 nach Leipzig, Heirat und Umzug 1967 nach Teltow.

Tätig als Kindergärtnerin, Wechsel in die GRW-Bibliothek, nach der Wende als Sachbearbeiterin im Sozialamt Teltow, seit 2009 Rentnerin.
Sie ist verheiratet, hat 3 Kinder und 4 Enkelkinder.

Hobbys: Singen im Chor, Mitglied einer Sportgruppe, Reisen und Tanzen, Verfassen von Versen zu bestimmten Anlässen sowie spontanes Schreiben kleiner Gedichte!

Ellen Wutschik (Jahrgang 1964)
Geboren in Potsdam-Babelsberg

Evelyn Barucker (1949 in Potsdam geboren)
Sie lebt seit 1953 in Kleinmachnow und seit 1971 in Teltow. Sie vermisst die ungeschriebenen Geschich-

ten ihrer Eltern und Großeltern und möchte deshalb einige Erlebnisse für ihre Kinder und Enkelkinder erhalten.

Vera Lakos (Jahrgang 1921)

Geboren 1921 in Breslau, gestorben 2007 in Teltow. Vera hat in ihrem Leben viel Schlimmes erlebt, trotz allem ist sie ein lebenslustiger Mensch geblieben und war eine besonders liebe Mutti und Oma.
Sie konnte sich über die kleinen Dinge des Lebens freuen und sogar über sich selbst lachen.
(Die Episoden hat die Tochter im Nachlass ihrer Mutti gefunden)

Carmen Sabernak (Jahrgang 1958)

Die „Geschichtensammlerin" - Schreibt am liebsten mit Blick auf das Meer oder auf ihrer Rosenbank im Familiengarten.

Bisher erschienen

Aus der Reihe „Perlen unserer Erinnerung" sind bereits (im BoD Verlag zum Preis von 5,00 Euro) erschienen:

„Hannas Weihnachtsengel" erschienen *2013*
ISBN: 9783732280414

„Begegnungen im Leben" erschienen *2013*
ISBN: 9783732280889

„Verlust und Wiederfinden" erschienen *2015*
ISBN: 9783734745812

„Elli" erschienen *2015*
ISBN: 9783734769276

„Mein Berlin - Mitten mang und Dichte bei" erschienen *2015*
ISBN: 9783738613599

„Am Wege blüht Vergissmeinnicht" erschienen *2015*
ISBN: 9783738629262

„Singen und Wandern - das ist unser Leben" erschienen *2015*
ISBN: 9783738659931

„Jahreswende - von Anfang bis Ende" erschienen *2016*
ISBN: 9783741276798

„Sehnsucht, Glück und Bäume" erschienen *2017*
ISBN: 9783848257195

„Täuscht der schöne Schein?" erschienen *2018*
ISBN: 9783748111948

„Winterperlen" erschienen 2018
ISBN: 9783748101093

„Sommer-Zeit-Reise" erschienen 2019
ISBN: 9783748146964

„Geflüster bei Kerzenschein" erschienen 2019
ISBN: 9783750401877

„Meine Heimat Kleinmachnow" erschienen 2020
ISBN: 9783751930772

„Meine - Deine - unsere Schulzeit" erschienen 2020
ISBN: 9783751950497

„Durch das Jahr" erschienen 2020
ISBN: 9783752672176

„Winterzeit" erschienen 2020
ISBN: 9783752672169

„Mystische Geschichten" erschienen 2020
ISBN: 9783752672190

„Liebesbriefe" erschienen 2021
ISBN: 9783755741084

„Alte Schätze" erschienen 2021
ISBN: 9783755741275

„Gesammlte Perlen 2021" erschienen 2021
ISBN: 9783755741244

„Wege" erschienen 2022
ISBN: 9783756833474

„Federn, Flossen, weiches Fell" erschienen 2022
ISBN: 9783756859818